Wolfgang M. Lehmer

Motorroller Retro-Style
Wissenswertes über Retro-Roller

MOTORROLLER
Retro-Style

Wissenswertes über Retro-Roller

Bibliografische Information der Deutschen Nationalbibliothek:
Die Deutsche Nationalbibliothek verzeichnet diese Publikation in der
Deutschen Nationalbibliografie; detaillierte bibliografische Daten sind im
Internet über http://dnb.dnb.de abrufbar.

Titelbild :Aprilia Habana 125 Retro

104 Seiten
83 s/w-Abbildungen

Überarbeitete 2. Auflage 2016
(1. Auflage 2012, ISBN 978-3-86870-474-7)

ISBN 978-3-73924-671-0

Herstellung und Verlag:
BoD – Books on Demand, Norderstedt

© 2016 Wolfgang M. Lehmer

Inhalt

Retro-Roller – Die Definition

Ein Retro-Roller, was ist das eigentlich genau?

Was einen Roller grundsätzlich von einem Moped oder Motorrad unterscheidet, ist offensichtlich. Ein Roller hat ein Beinschild, einen freien Durchstieg, Trittbretter, eine aufrechte Sitzposition.

Da das aus dem lateinisch stammende Wort „Retro" „zurück, rückwärts" bedeutet, soll der Retro-Roller an Zurückliegendes erinnern.

Stil-Vorbilder hierfür sind hauptsächlich die Vespas, Lambrettas, Zündapps etc. der 50er/60er Jahre. Inspirationen von und Anleihen beim Industrie-Design und den schwülstigen US-Straßenkreuzern und -Motorrädern der Epoche sind ebenso nicht ungewöhnlich. Und auch retro-futuristische oder Stromlinien-Elemente finden zuweilen Verwendung bei den neu-alten Rollern.

Als Ur-Modell des Retro-Rollers wird allgemein der Honda Shadow bzw. Joker genannt, der noch heute als Replik verkauft wird.

Alle Retro-Roller verfügen, mit Ausnahme der Vespas mit selbst tragender Metall-Karosserie, über eine Rahmenkonstruktion, verkleidet mit einer Karosserie aus Kunststoff, und einem Einzylinder-Motor mit Automatik-Getriebe.

Europäische Retro-Roller

Hört man Roller, denkt man spontan an Italien und dann direkt an Vespa. Eine Gedankenkette, die so falsch nicht ist. Vespas sind derzeit tatsächlich die einzigen neu zu erwerbenden Roller im Retro-Look, die aus Italien stammen. Nachdem sich das Vespa-Mutterhaus Piaggio praktisch sämtliche italienischen Rollerhersteller, wie z.B. Aprilia, einverleibt oder vom Markt gedrängt hat, wurden auch die Retro-Roller dieser Marken eingestellt, schon um der Vespa nicht aus eigenen Reihen Konkurrenz zu machen. Italienische Retro-Roller aus der Vor-Piaggio-Ära, die keine der reichhaltigen Vespa-Variationen sind, findet man nur noch auf dem Gebrauchtmarkt. Und auch da kann man die Modell-Auswahl, leider, fast an einer Hand abzählen. Man hat das Gefühl, im Land des Designs hat man den Retro-Trend völlig verschlafen oder einfach ignoriert.

Die französischen Nachbarn waren ebenfalls zögernd rührig und brachten aus den Häusern Peugeot und MBK (Motobecane bzw. Yamaha France) ansehnliche Retro-Roller in den Verkauf. Das war es dann aber auch schon mit dem europäischen Anteil an Retro-Rollern. Die britischen Lambretta-Replikas von Scomadi mit Sym-Technik werden in China hergestellt und sind also keine wirklichen Europäer.

Es werden auch einige Retro-Roller unter den wohlklingenden Namen deutscher Traditionshersteller, die lange nicht mehr existieren, offeriert, wobei es sich um Billig-Importe aus China handelt. Händler solcher chinesischer Roller argumentieren häufig und gerne damit, dass teure europäische Roller auch in China hergestellt werden. Was denn eine verdrehte Halbwahrheit ist. Europäische Marken haben zwar Werke in China, die Herstellung erfolgt aber nach europäischen Qualitätsstandards. Die in China hergestellten europäischen Marken-Roller haben in Sachen Qualität nichts mit den Rollern aus landeseigener chinesischer Produktion gemein.

Asiatische Retro-Roller

Das größte Angebot an Retro-Rollern, zumindest in der Vielfalt der Marken und Typenbezeichnungen, bietet China.

Bekannt sind die preiswerten Retro-Roller aus Fernost hierzulande unter den, wenig rühmlichen, Bezeichnungen „Baumarktroller" oder „Versandhausroller". Diese beruhen auf den Vertriebswegen chinesischer Billig-Roller, die nahezu ausschließlich über den Versandhandel, Internet-Händler, Supermarktketten und eben Baumärkte verkauft werden. Die Roller sind optische Kopien bekannter, meist nicht mehr hergestellter, Markenroller, evtl. mit leichten Detailänderungen im Design. Das bevorzugt kopierte Modell ist der Honda Shadow, der unter den verschiedensten Namen und Marken angeboten wird. Was auch auf alle anderen China-Roller, zutrifft. Letztlich ist der Hersteller aller dieser Roller der Gleiche und die unter dem Plastikkleid befindliche Technik ebenso. Als Alternative zu preislich und qualitativ auf hohem Niveau liegenden Markenrollern, erfreuen sich diese preiswerten, in Preis/Leistung sicher stimmigen Retro-Roller, vor allem bei Erstkäufern hoher Beliebtheit. Wobei die erste Freude über den günstigen Kauf eines, unleugbar, schönen, mit hohen Qualitäts- und Maßtoleranzen gefertigten,

Rollers schnell getrübt werden kann. Die China-Roller werden über keine europäischen Werksniederlassungen vertrieben, sondern von freien Importeuren ins Land gebracht. Es gibt kein Werkstatt-Netz und viele freie Werkstätten verweigern, China-Roller zu reparieren. Auch die Ersatzteilversorgung klappt mangels Werksniederlassung und Händlernetz nicht immer. Die vielen Gebrauchtverkäufe von China-Rollern mit extrem niedrigen Laufleistungen und geringem Wiederverkaufswert sprechen für sich.

Wenn man sich dieser Dinge bewusst ist und über technisches Geschick und Eigeninitiative verfügt, spricht nichts dagegen, sich einen hübschen China-Retro-Roller als Liebhaberstück in die Garage zu stellen.

Eine Ausnahmestellung unter den Retro-Rollern aus China nehmen die Modelle der Marke Keeway ein, die europäischen Qualitätsansprüchen genügen können.

Die im Design oft etwas bieder anmutenden und am klassischen Design des Marktführers Vespa orientierten, aber eigenständigen, Retro-Roller aus Taiwan, Korea und Japan, wie TGB, Sym, Kymco, Daelim oder auch Yamaha, werden von Laien qualitätsseitig oftmals den Billig-Rollern aus

China gleichgestellt. Völlig zu unrecht. Diese Retro-Roller entsprechen durchaus europäischen Standards und verfügen auch über funktionierende Vertragshändler- und Werkstätten-Netze mit Garantie-Leistungen usw. Dies schlägt sich natürlich auch im Preis nieder, der meist nur knapp unterhalb dem, vergleichbarer europäischer Roller angesiedelt ist. Wer nicht unbedingt einen Retro-Roller aus dem Hause Vespa, den man an jeder Straßenecke sieht, fahren möchte, findet in diesen Rollern durchaus eine exotische Alternative. Auch über die Leistungsklassen der beliebten 50er und 125er hinaus. Leider begrenzt sich die Modell-Vielfalt solcher asiatischer Qualitäts-Retro-Roller, ähnlich wie bei europäischen Retro-Rollern, trotz einer aktiven Modellpflege, auf eine zwar größere aber noch immer überschaubare Auswahl.

Ein Thema, bei dem sich so manche Geister scheiden. Absolut authentisch ist ein 16-Zöller im Retro-Style nicht. Und sicherlich werden Retro-Großradroller vorerst wenn nicht immer eine Randerscheinung der Retro-Roller-Szene bleiben. Aber auch diese haben ihre Berechtigung, zumal es unabstreitbar ist, dass sich die großen Räder extrem positiv auf das Fahrverhalten auswirken. Dafür optisch für Manche möglicherweise nicht so hipp sind, weil sie eben nicht der kollektiven landläufig üblichen Vorstellung eines Rollers entsprechen. Aber bei einem ordentlich gestylten Großradler werden die etwas größeren Räder nicht negativ auffallen und möglicherweise sogar als wünschenswert und als sich vom Einheitsbrei wohltuend abhebend empfunden. Schon in den 1950ern und 1960ern gab es, allen voran die Schwalbe, zahlreiche rollerähnliche, großrädrige Moped-Modelle mit Beinschild und freiem Durchstieg, wenn man denn nach Referenzmodellen oder einer historischen Rechtfertigung sucht.

Fazit:
Großrad-Retro-Roller bieten neben Motorrad-Fahreigenschaften auch noch das Flair exzentrischer Eleganz mit Retro-Spirit.

Ein Retro-Roller ist eine Ape ja eigentlich nicht, eher ein fossiles Relikt, dass noch immer hergestellt und auch erfolgreich verkauft wird. Ja, eigentlich noch nicht einmal ein richtiger Roller, auch wenn die Basis eine Vespa ist. Eigentlich ein kleines 49 ccm-Auto mit Lenker? Nein, doch ein Roller, einsitzig mit viel Ladekapazität und einem enormen Spaßfaktor. In Italien sind die kleinen Bienen (die Übersetzung aus dem Italienischen, nicht etwa engl. „Affe", wie manche glauben.) im täglichen Einsatz der kommunalen Behörden. Hierzulande werden sie eher als witzige Promotion-Fahrzeuge benutzt. Manche Roller-Werkstätten nutzen sie, um auf der Ladefläche havarierte Retro-Roller in die Reparaturhallen zu bringen. Findige Tuner stellen auch Cabrio-Versionen mit Rückbank her, was jetzt auch nicht wirklich neu ist, weil in den 1950ern schon ab Werk angeboten. Also wird aktuell doch eher eine Retro-Version verkauft.

Im Großstadtverkehr sieht man sie auch wieder öfter, nicht nur weil sie witzig ist, sondern auch wenig Parkplatz braucht. In den man das Gefährt mangels Rückwärtsgang hinein- oder herausschieben muss. Also doch ein Roller. Mit viel Nutzwert und Spaßfaktor.

Alltags-Retro-Roller

Nicht alle, ja vielleicht sogar die wenigsten, Retro-Roller sind herausgeputzte, verhätschelte und gepflegte Liebhaberstücke. Die meisten versehen täglich klaglos ihren Dienst der Bestimmung gemäß und befördern ihre Besitzer, und so manch anderes, von A nach B. Warten tagelang, bei Wind und Wetter, oft genug, Schutz suchend, an Hauswände gekauert, darauf, dass ihre Dienste benötigt werden, um diese meist klaglos zu erfüllen. Diese Helden des Alltags zeichnen schon mal Spuren des Gebrauchs und sie werden trotz dieser Patina, die so manchem Roller schon wieder Charme verleiht, geschätzt und manchmal auch geliebt. Und so sollen auch einige dieser treuen „Mulis" nicht nur Erwähnung finden sondern gebührend geehrt und hier verewigt werden.

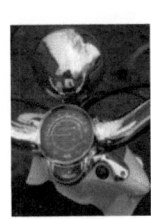

Windschutzscheibe

Ein beliebtes Zubehör sind Windschutzscheiben.

Sollte es eine solche als Original-Zubehör geben, nimmt man am besten diese oder eine geprüfte Zubehör-Scheibe. Die ist exakt auf den Roller abgestimmt sowie problemlos und sicher an den serienmäßigen Montagepunkten zu befestigen.

Empfehlenswert sind halbhohe, sog. Touring-Scheiben. Diese erfüllen den Zweck, den Wind vom Körper abzuhalten bestens, behindern jedoch die Sicht nicht, da diese, je nach Fahrergröße, max. bis zum Kinn reichen. Sollte eine solche Scheibe nicht als geprüftes Original-Zubehör mit ABE verfügbar sein, besteht, sofern die Höhe 54 cm nicht übersteigt, die Möglichkeit einer nachträglichen TÜV-Abnahme. Solche Scheiben aus dem Zubehör werden i.d.R. an den Spiegeln befestigt, passen also an jeden Roller. Das Angebot solcher Universal-Scheiben ist recht umfangreich. Es sollte sich also etwas Passendes und Gefälliges finden lassen. Man sollte hier aber nicht zum Billigsten aus dem Versandhandel greifen, sondern darauf achten, dass die Scheiben über eine entsprechende Materialstärke und zumindest ein Gutachten über das Bruchverhalten, besser eine Prüfnummer, haben. Piaggio bietet z.B. für die Vespas Scheiben aus flexiblem Material an, welche sich auch an einigen anderen Retro-Rollern montieren lassen und bei der Eintragung in die Papiere keine Probleme bereiten.

Sehr beliebt sind auch hohe Windschutzscheiben, welche bis über Kopfhöhe reichen. Diese sind jedoch rein funktionell und haben schon aus ästhetischen Gründen an einem Retro-Roller eigentlich nichts verloren. Manche Hersteller bieten sie trotzdem als teures, zugelassenes Original-Zubehör an. Eine nachträgliche Eintragung von Zubehörscheiben etc. dieser Dimension ist kaum möglich, da der TÜV, nicht zu Unrecht, auf dem Standpunkt steht, solche Scheiben können die Sicht beeinträchtigen. Daran, dass sie auch einen gefährlichen Windfang darstellen, wurde behördlicherseits noch gar nicht gedacht.

Wer es möglichst authentisch old school haben will oder so ein Teil einfach als Original-Zubehör nicht angeboten wird, greift zu einer nach wie vor unverändert hergestellten klassische Fly-Screen aus England aus dem Oldie-Zubehör.
Die Scheibe ist klar, die untere Hälfte die den Lenker abdeckt gibt es in unterschiedlichen Farben.
Da es sich um die „alten" Scheiben für die Roller der Sixties handelt sind auch die Befestigungen

für diese vorgesehen. Meist passen diese, sehr variablen, Trägerelemente auch problemlos bei Retro-Rollern mit Befestigungspunkten unterhalb der Lenkerverkleidung. Sollte dies nicht der Fall sein, besteht meist die Möglichkeit einer Befestigung an den Trägerelementen einer Originalscheibe.

Außerdem sollte der Scheinwerfer des Rollers keinen größeren Durchmesser als die Aussparung an der Scheibe haben. Falls doch, ggf. die Aussparung vergrößern.

Die klassischen Scheiben werden in 2 Ausführungen angeboten. Einer flacheren, eher eckigen sowie einer eher ovalen und etwas höherer Version. Darüberhinaus gibt es noch einige variierende Versionen als „Ersatzscheiben" ohne Halterung.

Der praktische Nutzen einer solchen Fly-Screen hält sich in Grenzen. Sie soll in erster Linie einfach gut aussehen. Bei schnelleren Rollern ist ein gewisser Nutzen in Form von etwas weniger Winddruck auf der Brust bei Autobahnfahrten etc. jedoch nicht zu leugnen. Manche Hersteller behaupten auch, die Aerodynamik würde verbessert und die Höchstgeschwindigkeit würde steigen, was wohl eher in das Reich der verkaufsfördernden Mythen gehört. Darüber, ob eine solche Fly-Screen in die Papiere eingetragen werden und/oder über eine Prüfnummer verfügen muss, herrscht etwas Unklarheit. Auf Grund der geringen Höhe eigentlich nicht, da die Funktion lediglich die eines Windabweisers ist und keiner Weise im Gesichtsfeld erscheint oder die Sicht beeinträchtigt. Und wenn die Scheibe nicht klar sondern in Fahrzeugfarbe wäre, würde das wohl auch niemand bestreiten. Die Kanten der Scheibe umlaufend mit Kantenschutz einzufassen ist auf keinen Fall ein Fehler, schon um sich selbst ggf. vor Verletzungen zu schützen.

Fly-Screen

Touring-Scheibe

Fly Screen aus den Sixties

Sturzbügel

Ein oder mehrere Sturzbügel am Retro-Roller lassen diesen nicht nur funkeln und bulliger und wertiger erscheinen, was wohl der hauptsächliche Beweggrund zur Anschaffung solcher Chromteile ist, sondern haben tatsächlich einen nicht unerheblichen Nutzen zum Schutz des Rollers bei Umfallern oder auch leichteren Unfällen. Der Schaden eines möglicherweise verkratzten Sturzbügels, was man evtl. sogar noch kaschieren kann, ist allemal geringer als ein gebrochenes Karosserieteil zu ersetzen. Vordere Sturzbügel zum Schutz des Beinschildes werden für viele Retro-Roller als Original-Zubehör angeboten und auch der Zubehörhandel bietet eine Auswahl. Schwieriger wird es schon, wenn man einen solchen hübschen Schutzbügel für den hinteren Teil der Karosserie möchte. Diese werden kaum bis gar nicht angeboten. Außer natürlich, man fährt eine Vespa. Hierfür ist die Auswahl an Sturzbügeln rundum mehr als reichhaltig. Einige dieser Bügel lassen sich aber mit etwas Geschick passend zum Anbau an andere Retro-Roller modifizieren. Wobei die Befestigung schon stabil sein sollte, sonst ist im Falle eines Falles der Schaden, den unsachgemäß angebaute Bügel am Roller verursachen, größer als er ohne gewesen wäre. Für manche Retro-Roller werden zudem

Stoßstangen, eigentlich auch Sturzbügel, zur Montage am vorderen Kotflügel offeriert. Diese sind leicht zu montieren und sind für viele Retro-Roller, nicht nur für die, für die sie bestimmt sind, verwendbar. Die Nase vorn hat hier natürlich wieder das Vespa-Zubehörsortiment mit einer großen Varianten-Vielfalt dieser Anbauteile.

Im Motorrad-Zubehörhandel werden solche Stoßstangen ebenfalls, für Chopper, angeboten. Von denen ist jedoch abzuraten, da sie für einen Roller zu groß dimensioniert sind.

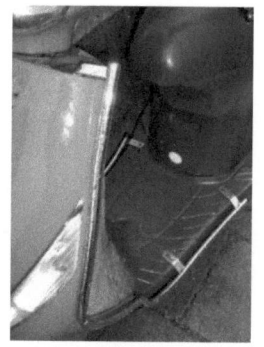

Frontgepäckträger

Frontgepäckträger gibt es für einige Retro-Roller als Zubehör oder diese sind gar schon serienmäßig montiert. Wenn das nicht der Fall ist, bieten manche italienische Zubehörhersteller nahezu universell verwendbare, verchromte vordere Gepäckträger entweder zum verschrauben direkt am Beinschild oder zum einhängen mit Bügeln an selbigen an. Bei den verschraubten Ausführungen ist zu beachten, dass eine Verschraubung am Plastikbeinschild nicht endlos belastbar ist, das Karosserieplastik bricht irgendwann. Mit weniger Aufwand anzubringen und auch relativ schnell wieder abnehmbar sind die Modelle, die mit 2 Hakenbügeln am Beinschild eingehängt und nach unten verspannt werden.

Bei allen Varianten ist natürlich darauf zu achten, dass in der Karosserie integrierte Blinker oder Scheinwerfer nicht verdeckt werden. Vor Ort anprobieren ist also allemal besser als bestellen.

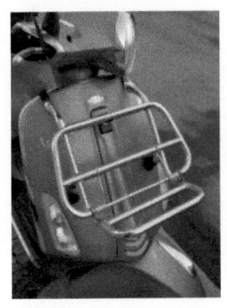

Klappgepäckträger

Ein super Retro-Teil, das eine Menge Chrom an den Roller bringt. Für die Vespas bieten etliche Zubehörlieferanten Klappgepäckträger in verschiedensten Ausführungen, auch die endlos schicken mit Reserveradhalterung. Aber auch für manche andere Retro-Roller verkaufen Zubehörhändler „stinknormale" Klappgepäckträger. Wer weder eine Vespa fährt noch das Glück hat, ein solches Teil für seinen Roller zu bekommen, hat immer noch die Möglichkeit einen „fremden" Träger passend zu modifizieren. Ein Klappgepäckträger ist nicht nur stylisch mit Funktion sondern verfügt i.d.R. über einen leicht erhöhten Bügel, der der Sozia, auch im ausgeklappten Zustand, Halt nach hinten gibt.

Spiegel

Bei manchen Retro-Rollern sind ab Werk eher unpassende Spiegel aus schwarzem Kunststoff montiert. Ersetzen kann man die durch hübsche verchromte Spiegel mit Retro-Anmutung, in rund, eckig, oval und nierenförmig, welche es zu einem günstigen Preis als Universalspiegel bei den Motorrad-Discountern zu erstehen gibt.

Wenn die Spiegel zu tief oder zu weit innen sitzen und mehr Schultern als Straße zeigen, ist es recht dienlich, die ebenfalls bei Motorrad-Discountern in schwarz oder Chrom erhältlichen Spiegelverlängerungs- und Verlegungs-Sätze oder Spiegel-vibrationsdämpfer als Distanzen zu montieren. Eine Alternative sind Lenkerenden-Spiegel, die ebenfalls in Chrom in verschiedenen Formen und größtenteils mit E-Prüfzeichen angeboten werden und zugleich sportlich wie oldfashioned sind. Man kann solche Lenkerendenspiegel auch sinnvoll als Zusatzspiegel anbauen.

Sehr schön sind auch echte klassische Spiegel. Der bereits in den 50ern etablierte Lieferant stellt sie bis heute unverändert her. Erhältlich sind die Spiegel in verchromt und für den, der es etwas bunter möchte, auch in Ausführungen mit weißem Kunststoff-Gehäuse und farbiger Spiegeleinfassung. In mehreren Formen. Diese verfügen jedoch über keine Prüfnummer zur Straßenzulassung. Spiegel die über keine E-Prüfnummer verfügen, sind für Fahrzeuge neuerer Baujahre, also Retro-Roller, als Hauptspiegel nicht zugelassen. Man kann sie z.B. am Lenkerende als Zusatzspiegel anbauen. Die Original-Spiegel bzw. 2 geprüfte Spiegel müssen jedoch funktionsfähig montiert sein.

Ihre Funktion erfüllen solche Vintage-Spiegel aber auch so. Nämlich retroschick sein. Bei entsprechender Einstellung zeigen solche Zusatzspiegel auch Dinge, die in den normalen Spiegel unsichtbar bleiben (toter Winkel usw.). Also neben schick auch noch von praktischem Nutzen.

Serienspiegel mit Vintage-Zusatzspiegel

Lenkerendenblinker

Im Volksmund auch bekannt als „Ochsenaugen". Der Motorrad-Zubehörhandel bietet solche robuste, verchromte Blinker für die Lenkerenden mit E-Prüfzeichen an. Von Vespa gibt es solche Blinker als Original-Zubehör für ältere Modelle, die natürlich auch an anderen Marken verwendet werden können. Passen im Look sehr gut zu einem Retro-Roller.

Beim Kauf ist darauf zu achten, dass die Birnchen den Werten der Original-Blinker entsprechen. Auskunft darüber gibt die Betriebsanleitung.

Der geübte Elektro-Schrauber kann bei Abweichungen auch einen Widerstand einbauen.

Wenn der Retro-Roller serienmäßig in das Beinschild integrierte Blinker hat, kann man die jetzt mit klaren Birnchen und weißem Glas als Tagfahrlichter/Positionslichter/Standlicht nutzen. Ansonsten müssen die betriebslosen Blinker abgedeckt werden (z.B. Blinkergläser lackieren).

Angebaute und nun nutzlose Frontblinker werden demontiert.

Die Lenkerendenblinker dürfen nur als vordere Blinker verwendet werden. Zum Betrieb gilt es zu

beachten, dass die hinteren Blinker betriebsfähig erhalten bleiben müssen. Nur mit „Ochsenaugen" dürfen ausschließlich Oldtimer fahren.
Je nach Baujahr gelten auch noch unterschiedliche Regelungen ob die Lenkerenden nach vorne und hinten oder nur nach vorne blinken dürfen. Der Händler sollte darüber Bescheid wissen und darüber umfassend Auskunft geben können.

Bei Rollern mit "Hirschgeweih-„ oder „Chopper-Lenker" sind die Blinker nicht anzuraten. Diese Lenker sind zu stark nach hinten gebogen. Die Blinker wären von vorne kaum zu sehen.

Die Lenkerendenblinker ersetzen, auch wenn sie nach hinten blinken, nicht die hinteren Blinker! Diese müssen funktionsfähig angebaut bleiben.

Rücklicht und Blinker

Vornehmlich bei den Retro-Rollern aus China werden, vermutlich aus Kostengründen, gerne Standard-Rücklichter, die so gar nicht zu dem Design des Rollers passen mögen, montiert. Was den Gesamteindruck der sonst meist sehr schönen Retro-Roller trübt. Er mutet seltsam an, ein auf Old-School getrimmter Roller mit einem Motorrad-Rücklicht aus den 80ern oder 90ern.

Der Motorrad-Zubehör-Handel bietet Rücklichter in allen Varianten an. Rund, Eckig, Kreuzform, Elipsen-Form, Doppel-Rücklichter oder gar „Lip-Stick" wie bei einem 50er-Jahre Cadillac. Mit oder ohne integriertem Kennzeichenhalter. Allesamt mit verchromten Gehäuse und E-Prüfzeichen zum eintragungsfreien Anbau. Verkauft werden diese als „Chopper- oder Costum-Rücklichter", zu einem erstaunlicherweise vernünftigen Preis.

Allerdings geht die Wahrscheinlichkeit, dass sich auch nur eines dieser Lichter exakt an den Befestigungspunkten eines Original-Rücklichtes verschrauben lässt, gen Null.
Man muss wohl oder übel entsprechende Löcher bohren, und zwar so, dass die Scheibe des Rücklichts im 90-Grad-Winkel zur Fahrbahn steht.

Und nicht vergessen: Der Roller muss einen roten Reflektor am Heck haben. Der ist in den meisten Rücklichtern nicht integriert. Entweder, man kann den original sowieso schon separaten Rückstrahler verwenden, oder der Zubehörhandel liefert das Nötige.

Was ist jetzt mit den Blinkern? Wenn die in der Karosserie integriert sind, kein Problem. Wenn sie mit an der Original-Rücklichthalterung montiert waren, schon ein kleines. Hier bedarf es dann individueller Lösungen, die sowohl ästhetisch als auch rechtskonform sind. Oder man belässt alles wie es ist.

Vermutlich sind jetzt Löcher von der Befestigung des Serien-Rücklichts in der Karosserie zu sehen. Man kann diese mit einer hübschen, klassischen Plakette aus Metall überdecken, oder sog. Lochabdeckungen aus dem Kfz- oder Motorrad-Zubehör verwenden. Die Teile gibt's in verchromt aber auch in schwarz (z.B. zur individuellen Lackierung) in unterschiedlichen Durchmessern.

Sollten die Serien-Blinker optisch nicht optimal erscheinen, verchromte Blinker in allen möglichen klassischen Formen bieten die Zubehörhändler, die die Rücklichter liefern, freilich auch.

Lampenschirm

Diverse Lieferanten von Roller- und Motorradzubehör bieten verchromte Lampenschirme für den Hauptscheinwerfer und auch für Zusatzscheinwerfer an. Diese „Augenlider" waren bereits in den 50ern und 60ern des vorigen Jahrhunderts der letzte Schrei und wurden nicht nur für Zweiräder sondern auch für Autos als beliebtes Zubehör gehandelt.

Die Lampenschirme gibt es in verschiedensten Ausführungen, mit Gravur, Prägung oder auch blank, sowie in unterschiedlichen Durchmessern. Sollte der passende Durchmesser nicht direkt im Angebot sein, lassen sich die Schirme begrenzt formen. Also etwas weiten oder zusammenbiegen. Im Zweifelsfall wählt man lieber einen etwas zu kleinen als zu großen Schirm, um seitlich nicht zuviel Scheinwerfer zu verdecken.

Zu montieren sind die Schirme denkbar einfach. Sie werden zwischen Scheibe und Scheinwerfergehäuse eingesteckt, was überraschenderweise bombenfest hält.

Sollte man sich zum Kauf eines der wirklich retro-schicken "Lampenschirme" für den Scheinwerfer des Retro-Rollers entschlossen haben, gilt es darauf zu achten, dass die Kante des

Schirmes gerundet (gebördelt) und nicht scharfkantig ist.

Ist die Entscheidung doch zu Gunsten eines scharfkantigen Modells gefallen, sollte dieses unbedingt mit einem Kantenschutz eingefasst werden (siehe Kapitel „Chrom"). Die nicht gerundeten Kanten der Lampenschirme sind in der Regel meist messerscharf und können bereits bei der Montage zu Verletzungen führen.

Lampenschirm mit Lederbezug, verchromter Kantenschutz

Weißwandreifen

Wirklich klassisch und eine echte optische Bereicherung für einen Retro-Roller sind Weißwandreifen.

Eigentlich bedürfen sie ja keiner Erwähnung, aber der Vollständigkeit halber halt doch. Der echte Retro-Fan hat sie sowieso schon lange montiert, seine Weißwandreifen. Bekommen kann man sie in vielen Ausführungen, von Billiganbietern und Markenherstellern, gegen einem geringen Aufpreis gegenüber der Normalausführung, bei jedem Rollerladen. Nur als Winterreifen gibt es sie nicht. Aber wer fährt seinen Retro-Roller schon im Winter?

Schriftzug

Eine bei praktisch allen Retro-Rollern, vernachlässigte "Kleinigkeit". Meist entsprechen die Schriftzüge nicht dem Anspruch Retro-Look. Unpassender Schrift-Typ, Plastik oder Aufkleber. Um den Look des Rollers "echt retro" zu halten ist es meist am besten, die Schriftzüge komplett zu entfernen. Geklebte Beschriftungen lassen sich, unter Verwendung eines Föns, leicht entfernen.

Für Vespa- und Lambretta-Oldtimer werden sehr schöne Repliken der verchromten Original-Schriftzüge der frühen Jahre hergestellt. Diese lassen sich auch an Retro-Rollern verwenden. Warum sollte ein Roller nicht zum Sport, Touring, Sprint, Special etc. mutieren? Oder nur schlicht die Hubraumangabe? Den Roller auf diese Weise weiter auf alt zu trimmen hält sich preislich im überschaubaren Bereich. Angeboten werden diese Schriftzüge in reichhaltiger Vielfalt von Zubehör-Händlern für Oldtimer- und klassische Roller. Allerdings müssen zur Befestigung der meisten Schriftzüge Löcher gebohrt werden.

Gemeint sind damit die „Hahnenkämme", die bei manchen Retro-Rollern schon serienmäßig den Frontkotflügel zieren, dann zumeist aus verchromtem Plastik. Roller ohne dieses Vintage-Anbauteil lassen sich unkompliziert nachrüsten. Ein reichhaltiges Angebot solcher Nippel bietet der Oldie-Roller-Zubehör- und Ersatzteilhandel. Man sollte sich allerdings nicht durch die vielen authentischen Teile in Form eines Flugzeuges, Vogels und sonstiger wunderbarer Skulpturen verleiten lassen. Das sind wirkliche Oldtimer-Ersatzteile die TÜV-seitig auch nur, da zeitgenössisch, an Oldtimern montiert werden dürfen. Für den Retro-Rolleristi bleiben nur die sicheren runden Formen ohne Ecken, Spitzen und Kanten. Beim Kauf ist darauf zu achten, dass die Rundung/Wölbung des Nippels der des Roller-Kotflügels entspricht, denn die Teile aus Gussmetall lassen sich nicht formen sondern brechen bei dem Versuch. Sollte sich wider Erwarten kein passender Kotflügelnippel aus den guten alten Zeiten finden, kann man zu den, zumindest ein wenig biegsamen, Teilen aus Plastik der modernen Vespas oder anderer Retro-Roller greifen.

Die beliebtesten Zubehörteile sind wohl die aus Chrom. Mit diesen essentiellen Elementen sparen die meisten Hersteller serienmäßig leider und auch derart veredeltes Originalzubehör findet sich selten.

Hier hilft der Zubehörhandel, Eigeninitiative und Kreativität.

Auf die Verchromung von Roller-Metallteilen haben sich inzwischen einige Online-Unternehmen spezialisiert, die auch einzelne Kleinteile zu noch verträglichen Preisen verchromen. Leider ist es so, dass die meisten Retro-Roller eine Kunststoffkarosserie haben und die metallischen Bauteile darunter verborgen sind. Sichtbar sind eigentlich nur Variodeckel, Ständer und Auspuff. Der wirkliche Enthusiast lässt sich von der „Unsichtbarkeit" mancher Teile selbstverständlich nicht abschrecken und lässt praktisch alles verchromen, was geht.

Für den Großteil der Rolleristen trifft dies aber vermutlich nicht zu, da zählt mehr bzw. reicht der äußere Auftritt.

Im Motorradzubehör gibt es neben einer hauchdünnen Chromfolie im Format DIN A4 auch verchromten Kantenschutz. Mit beiden kann man recht ansehnliche optisch aufwertende Effekte erzielen.

Mit der Chromfolie lassen sich wunderbar ebenflächige Teile und Rohre beziehen, die man bei sauberen Arbeiten nicht von verchromten Metallteilen unterscheiden kann. Leider lässt sich diese Folie auch mit Erwärmung nur sehr begrenzt bis gar nicht an Wölbungen etc. anpassen. Trotzdem kann man sie vielfältig für Akzente verwenden. Abzuraten ist von der in Baumärkten erhältlichen, preiswerteren Chromfolie auf der Rolle. Die ist zu rustikal, um saubere Effekte zu erhalten.

Karosseriekanten, Scheiben etc. lassen sich durch einfassen mit dem einfach zu handhabenden Kantenschutzband optisch aufwerten.
Im Autozubehör werden zudem selbstklebende verchromte Zierleisten in unterschiedlicher Breite angeboten mit dem sich das funkeln und die Wertigkeit des Rollers nochmals steigern lässt.
Zur Hervorhebung bzw. Verschönerung von Bowdenzügen, Tachowelle etc. finden sich beim Motorradzubehör-Discounter verchromte Spiralüberzüge als Meterware, die sich an Leitungen auch im eingebauten Zustand anbringen lassen. Die Spiralen werden einfach um den Bowdenzug etc. gewickelt und lassen sich individuell kürzen. Ratsam ist es, den Überzug an beiden Enden zu fixieren, da sich die Teile

sonst im Betrieb nach und nach längen und weiten und unschön an der Leitung herunterrutschen. Hydraulische Leitungen sollte man möglichst nicht mit der Chromspirale versehen, das sieht der TÜV nicht gerne und selbst kann man evtl. Risse etc. in der Leitung auch nicht erkennen.

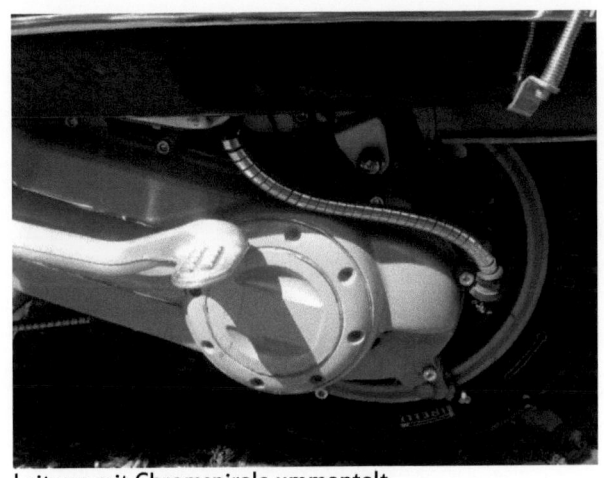

Leitung mit Chromspirale ummantelt

Topcase

Ein Topcase muss wohl sein. Na gut, wenn's den sein muss. Aber es sollte im Design schon zum Retro-Roller passen.

Und das ist zumeist der Knackpunkt. Die allerwenigsten Hersteller und Händler bieten als Zubehör ein Topcase an, das optisch wirklich zum Retro-Roller passt. (Was im Grunde schon ein Widerspruch in sich ist.) Meist wird ein Standard-Teil offeriert, das in keiner Weise optisch auf den Roller abgestimmt ist. Mit Glück gibt es das Topcase evtl. noch in Fahrzeugfarbe, ansonsten in schwarzem Plastik.

Gehen wir mal davon aus, man hat öfters Dinge zu transportieren, die man nicht „blank" auf dem Gepäckträger befestigen kann oder will und die auch nicht in das Fach unter der Sitzbank passen. Dann gibt es stilistisch passend noch etliche bessere Lösungen als ein Topcase.

Der Motorrad-Zubehörhandel z.B. bietet sehr schöne, und vor allem im Stil harmonierende, Gepäckrollen und Sissy-Bar-Taschen an, die durchaus das Fassungsvermögen eines Topcases bieten. Auch Satteltaschen sind, je nach Roller, eine Alternative. Diese Teile können alle problemlos an einem Gepäckträger fixiert, heißt verschraubt, werden.

Es geht also auch anders. Man muss nicht wie der Pizza-Junge oder der Fahrer vom Botendienst unterwegs sein.
(Keine Diskriminierung dieser Berufsgruppen!)

Wer bereits ein Topcase an seinem Roller montiert hat und es nicht mehr missen möchte, kann es dem Roller-Design evtl. mit verchromten Zierleisten, Lederbezug oder einfach nur einer Lackierung in der Farbe des Rollers etwas harmonischer gestalten. Kunststoffauffrischer hilft gegen vergrauen.

Anhänger

Sollte man gelegentlich mal etwas Größeres zu transportieren haben, so bietet sich hierfür ein Anhänger an.

Kann gleich wenig stylisch aussehen, zumindest wenn man einen Standard-Anhänger benutzt. Eben die Teile in quadratisch, mit verzinkter Radabdeckung. Das Modell „Baustelle" halt.

Es werden auch absolut stylische, geschlossene Anhänger, speziell für Roller, angeboten, wie sie auch in den Sixties erhältlich waren. Hergestellt von Anbietern von Beiwagen bzw. Gespannen.

Man kann Einfluss auf das Design nehmen oder sich für einen bereits existenten Entwurf entscheiden. Der Anhänger lässt sich also optisch völlig auf den Roller abstimmen. Sei es in der Anpassung der Anhängerform an die Form der Karosserie des Rollers, oder auch in der Wahl entsprechend identischer Rücklichter, Blinker, Felgen, Reifen etc. Eine passende Lackierung ist selbstverständlich.

Es besteht zudem noch die Wahl zwischen einem Roller-Anhänger mit 2 seitlichen Rädern oder, ganz ausgefallen, mit einem mittigen Rad. Bei der Einrad-Version geht allerdings etwas Laderaum zu Gunsten des Radkastens verloren.

Damit hat man ein zweckmäßiges Zubehör, das den Roller zu einem echten Hingucker macht. Das aber auch nicht ganz preiswert ist. Je nach Ausführung des Anhängers, bekommt man für dieselbe Summe durchaus schon einen neuen Retro-Roller aus dem unteren bis mittleren Preissegment. Oder man macht sich auf die Suche nach einem Original aus der guten alten Zeit, das aber preislich, so man denn eines findet, auch kein Schnäppchen werden wird.

Ja, Exklusivität hat ihren Preis. Dafür ist das Gepäckproblem auf Touren gelöst. Und ein Roller hat mit so einem Teil einen wirklich coolen Look. Möglicherweise wird der Anhänger gar zu einem festen Bestandteil des Retro-Rollers. Egal ob beladen oder unbeladen. Allerdings könnte der Fahrspass zu Gunsten der Show etwas leiden.

Beiwagen

Das gewisslich größte und sicher auch auffälligste Anbau- und Zubehörteil für einen Retro-Roller ist ein Beiwagen. Oder ein Boot, wie der erfahrene Gespannfahrer sagt.

Diese, schon in den Rollerhochzeiten beliebte aber oftmals unbezahlbare, Fahrzeugergänzung wird auch heute noch von Gespannbau-Unternehmen für praktisch jedes Zweirad realisiert. Noch immer nicht ganz billig. So ein Beiwagen kann locker mal so viel wie der Roller selbst oder noch mehr kosten. Je nach Ausführung.

Man kann entweder auf bereits existierende klassische Formen der "Boote" zurückgreifen oder auch seine eigene Design-Vorstellung einbringen. Die Firmen übernehmen nicht nur den Bau und die Montage des Beiwagens, sondern erledigen auch den TÜV- und Zulassungskram.

Auf Wunsch wird der Basis-Roller abgeholt und als fertiges Gespann wieder zurück nach Hause geliefert.

So ein Gespann hat Vorteile. Der Beifahrer fährt recht bequem mit. Und bei Bedarf bietet der Beiwagen Stauraum. Da. Der Vorteil eines Rollers, die Wendigkeit, ist allerdings dahin. Im Straßenverkehr ist ein Gespann einem Auto gleichgestellt. Nix mehr mit durchschlängeln. Das Parkplatzproblem ist auch wieder da. Das Gespann braucht eine Parklücke, Gehwegparken ist nicht mehr. Der Spritverbrauch steigt, die Geschwindigkeit sinkt.

Ein Gespann fahren ist zudem wesentlich arbeitsintensiver und etwas völlig anderes, als einen agilen Solo-Roller zu bewegen.

Fahrer von 50ern sollten den Gedanken an den Anbau eines Beiwagens fallen lassen. Dazu reicht die Leistung nicht aus. Und selbst wenn, ein zweispuriges Fahrzeug mit 45 km/h? Auch ein 125er ist wohl nur bedingt tauglich. Ein 250er oder 300er scheint zeitgemäß sinnvoll.

Ein Preis im 5stelligen Bereich für ein neues Rollergespann ist realistisch. Was einem Beiwagenroller wieder den Status der guten alten Zeit verleiht. Wer sich trotzdem ernsthaft für den Umbau seines Rollers zum Gespann interessiert, findet entsprechende Homepages im Internet. Auch wer nur ein bisschen Träumen möchte, kann sich dort manche Bilder von Rollergespannen ansehen. Gelegentlich werden auch gebrauchte Roller-Gespanne angeboten. Möglicherweise eine Alternative zur Erfüllung des Traumes.

Helm

Der unleugenbar sicherste Helm ist ein Integral- oder Vollvisierhelm. Dieser wird jedoch von den meisten Retro-Roller-Fahrern verschmäht und ein Jet-Helm vorgezogen. Auch dieser sollte aber zum Schutz der Augen vor aufgewirbelten Steinchen oder Insekten mit einem Visier versehen sein oder mit einer Brille getragen werden. Vor Insekten im Mund- und Rachenraum schützt ein vorgebundenes Tuch.

Jet-Helm mit Retro-Motorradbrille

Jet-Helm mit Old School-Klappvisier

Abzuraten ist von einem, sehr stylischen, Halbschalenhelm. Dieser bietet nicht den nötigen Schutz und trägt deshalb auch kein E-Prüfzeichen. Kein Gedanke sollte an sog. Braincaps verschwendet werden. Diese sind nicht nur hässlich, was noch im Auge des Betrachters liegen mag, sondern haben auch nicht mehr Schutzwirkung als ein Fahrradhelm. Mit so einem Braincap kann schon der Sturz vom Sessel auf den Teppichboden mit tödlichen Kopfverletzungen enden.

Pflege-Tipps

Chrom
Chrom behält seinen Glanz, wenn man die Teile gelegentlich mit Chrompolitur behandelt. Das schützt auch vor Rost.

Gummi
Gummiteile wie Fußmatten, Schläuche etc. werden wieder wie neu, wenn man sie einige Stunden in Waschmittellauge legt. Teile, die man nicht abbauen will oder kann, mit warmer Lauge großzügig abwaschen und anschließend abspülen.

Helm
Den Innenraum" des Helmes gelegentlich mit im Fachhandel erhältlichem Reiniger für Helmpolster säubern. Man glaubt gar nicht, was da an Schmutz rausgeht. Schweißränder verschwinden.
Die Aussenschale gelegentlich mit Waschmittellauge abwischen. Bei hartnäckiger Verschmutzung hilft Helmreiniger vom Motorrad-Discounter.
Leichte Kratzer im Visier lassen sich mit Politurpaste für Handy-Displays oder Cabrio-Verdeck-Scheiben und Muskelschmalz auspolieren.

Leder-Sitzbank

Sitzbänke mit Echtlederbezug sollte man alle paar Wochen mit Lederpflegemittel (keine Schuhcreme!) behandeln. Das Leder wird sonst brüchig. Selbes gilt für Lederjacken.

Plastik

Ermattete oder vergraute unlackierte Plastikteile werden mit Kunststoff-Auffrischer, seidenmatt oder glänzend, aus dem Autozubehör oder Baumarkt wieder wie neu. Für hartnäckige Fälle bietet das Autozubehör einen Stoßstangen-Auffrischer mit Farbzusatz an. Funktioniert auch bei Bowdenzügen, Bremsleitungen und Tachowellen. Den Kunststoff-Auffrischer nicht für Sitzbank, Trittbrett und Griffe benutzen! Das Mittel macht die Teile rutschig. Ein ergrautes Trittbrett kann man sehr gut mit einer Aluauflage überdecken.

Reifen

Reifen, besonders Weißwandreifen, sollte man alle 2-3 Wochen mit Waschmittellauge abwaschen. Wer will, kann die Flanken (nicht die Lauffläche!) anschließend mit Kunststoff-Auffrischer behandeln.

Wetterschutz

Sollte der Retro-Roller im Freien stehen, ist es sinnvoll, diesen gegen Umwelteinflüsse wie Sonnenstrahlen, Regen, Vogelkot usw. zu schützen. Hierzu bietet der Zubehörhandel sog. Auto-Pyjamas, Faltgarage oder banal Abdeckhauben für Indoor und Outdoor an.

Entscheidend ist die Funktion. Es sollte natürlich eine wasserfeste und UV-undurchlässige „Outdoor"Ausführung sein. Möglichst mit Luftabzügen, um Kondenswasserbildung unter der Plane zu vermeiden. Wenn die Haube innen mit weichem Flies etc. gefüttert ist, schützt das vor Kratzern. Ein Gummizug an der Unterkante hilft gegen Wind. Ösen, durch die zur Diebstahlsicherung ein Schloss geführt werden kann, sind (leider) ein Muss.

Reparaturanleitungen

Das Angebot an spezifischen Reparatur-anleitungen für Retro-Roller ist eher spärlich. Außer, natürlich, es handelt sich um eine millionenfach hergestellte Vespa.

Die größte Chance, ein entsprechendes Werk zu finden, besteht bei den 50ern, zumindest was die Motorenseite betrifft. Da für die meisten 50ern, egal ob retro oder nicht, meist aus demselben Motorensortiment bezogen wird, stehen die Chancen gut, zumindest eine Reparaturanleitung für einen Roller mit gleichem Motor zu finden.

Die Hersteller von Markenrollern geben für ihre Vertragswerkstätten äußerst detaillierte sog. Werkstatt-Handbücher heraus. Diese sind allerdings nicht für den Normalverbraucher bestimmt und daher schwer bis gar nicht zu bekommen. Sollte doch ein Exemplar angeboten werden, dann nicht preiswert.

Eine gute Unterstützung bei Reparaturen bieten auch die Explosionszeichnungen, die Händler für Original-Ersatzteile häufig als Hilfestellung zur Teile-Suche und -Bestimmung auf deren Homepage zur Verfügung stellen.

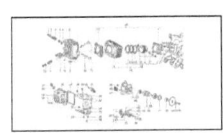

Roller-Devotionalien

Rund um das Thema Roller gibt es eine Unzahl von Sammelobjekten.

Wer eine gewisse Liebe, oder zumindest ein Interesse, das über den reinen Transport von A nach B hinaus geht, an seinem Retro-Roller oder Rollern schlechthin hat, wird sich wohl gelegentlich die eine oder andere Devotionalie anschaffen. Vielleicht auch einen kleinen Altar bauen. Z.B. in Form einer Sammlungsecke im Regal, der Vitrine oder wo auch immer.

Manches ist auch einfach zu verlockend. Ein Blechschild, ein Modell, ein Pin, eine Spardose oder ein alter Blech-Spielzeugroller. Vermutlich lässt sich mit diesen Dingen eine ganze Wohnung füllen.

Keramik-Modell mit Wecker.ca. 20x8x15 cm. Etwa 1990

Plastik-Modell ferngesteuert. ca. 40x14x30 cm. Etwa 2010

Phantasie-Modell. Metall. Ca. 11x6x7 cm. Etwa 2011

Plastik-Modell Yamaha Vino. 10,5x4x6,5cm. Etwa 1990

Metall-Modell Lambretta 125D, ca. 14,5x7,5 cm. Etwa 2012

Pizzaschneider, Plastik, ca. 18x2x12 cm. Etwa 2015

Pillendose Metall, ca. 6x4x1,5 cm, Etwa 2014

Geldbörse Kunststoff, ca. 19x9x3 cm. Etwa 2015

Salz- und Pfefferstreuer, Keramik, ca. 10x5,5x9 cm. Etwa 2015

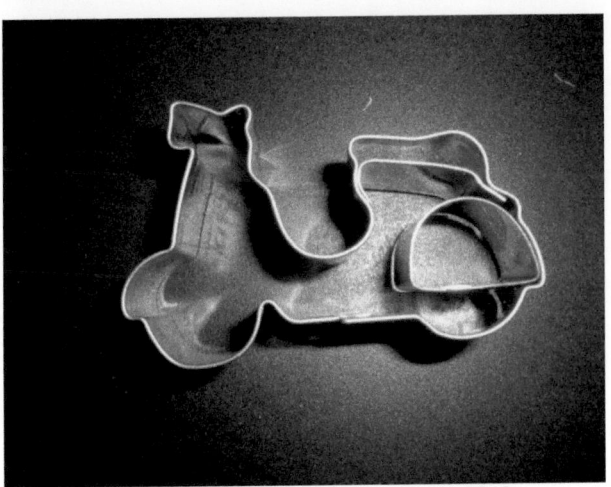

Plätzchenform, Metall, ca. 6x2x3,5 cm, Etwa 2013

Plastikschild 21x30 cm, Etwa 2013

Treffen und Ausfahrten

Größere, markenübergreifende Treffen mit Rahmenprogramm sind in der Retro-Roller-Szene, sofern eine solche überhaupt existiert, nicht üblich.

Ebenso wenig, wie organisierte Ausfahrten, Anrollern und Abrollern mit größerer Teilnehmerzahl.

Außer natürlich die regionalen Vespa-Treffen und die Vespa-World-Days. Wobei bei diesen Treffen die Vespa-Oldies überwiegen und die Fahrer/innen von Retro-Vespas die geringere Anzahl der Teilnehmer stellen.

Auch die Fahrer von China-Retro-Rollern stellen einige Treffen mit größerer Teilnehmerzahl auf die Beine, die gelegentlich auch von engagierten Händlern in Verbindung mit Workshops ausgerichtet werden. Wobei hier die Verbundenheit oft mehr aus der Not eines Austausches über Teile und Erhaltung des Retro-Rollers geboren ist.

Ansonsten werden auf Internet-Foren etc. diverser Marken zwar auch gelegentlich Termine für Treffen genannt, die aber i.d.R. mangels interessierter Teilnehmer nicht stattfinden oder in einem Fiasko enden.

Treffen in der Retro-Roller-Szene spielen sich im Allgemeinen in einem engeren Rahmen mit meist unter 10 Teilnehmer auf Parkplätzen oder auf Grundstücken der Fahrer ab. Böse Zungen aus der Online-Szene nennen diese Treffen auch „herumlungern in Vorgärten".

Der Rollerfahrer allgemein, und somit auch der Retro-Roller-Fahrer, neigt offensichtlich nicht zu Anrottungen oder Verbundenheit mit anderen Rollerfahrern und cruist lieber für sich alleine. Diese Gleichgültigkeit gegenüber anderen Rollerfahrern zeigt sich auch darin, dass sich Rollerfahrer nicht grüssen wie Motorradfahrer.

Wer denn den Wunsch nach kollektiven Ausfahrten etc. hat, hat nur die Möglichkeit einen lokalen Club oder eine IG in seiner Gegend zu suchen, oder selbst zu gründen.

Vereinzelt wurde von solchen, leider meist kurzlebigen Zusammenschlüssen, vor allem in ländlichen Gegenden, gehört.

Vielleicht ist im digitalen Zeitalter die Zeit für derartige gemeinsame Unternehmungen auch vorbei.

Wobei es schon ein besonderes Erlebnis ist, in einer Gruppe von 30 oder mehr Rollern zu fahren, dass einem keine noch so perfekte Spielkonsole vermitteln kann.

Retro-Roller im Internet

Das Internet bietet diverse Möglichkeiten sich stunden- und tagelang in Sachen Retro-Roller zu unterhalten, amüsieren und auch zu ärgern.

Da gibt es die Seiten der unzähligen Roller- und Zubehörhändler, auf denen man stundenlang bunte Bilder von Zubehör- und Ersatzteilen oder ganzen Rollern anschauen (und neue Begehrlichkeiten wecken) kann. Einige der Händler bieten auf ihrer Internet-Seite auch ein Forum zum Austausch der Kundenerfahrungen und über Gott und die Welt an.

Bunte Bilder zu den o.g. Themen kann man auch auf den Auktions- und Fahrzeugverkaufs-plattformen ansehen.

Wenn sich die Bilder noch bewegen sollen, benutzt man eine der populären Video- und Musikplattformen. Auf der Webseite einfach den Suchbegriff „Retro-Roller" eingeben und es wird sich einem eine Fülle an guten und schlechten, zumeist privaten, Videos zum Thema eröffnen.

Sollte beschauen alleine nicht mehr genügen und man sich austauschen wollen, stehen diverse Foren zur Verfügung. Allgemein zum Thema Retro-

Roller oder auch auf bestimmte Typen beschränkt. Eine Suchmaschine wird beim finden eines geeigneten Forums helfen. Die Ausprägungen der Foren sind unterschiedlichst und reichen von unkomplizierten und lockeren, auf denen man auch ohne Anmeldung mitlesen kann, bis hin zu diktatorisch geführten und zensierten, bei denen man erst seine privatesten Daten preisgeben muss, bis man Mitglied mit Zugang zu Teilen der Homepage wird und sich dann für manche Themenbereiche erst noch über Beteiligungspunkte qualifizieren muss.

Erwarten sollte man nicht zu viel. Ein allzu reger Austausch findet in den meisten Internet-Foren nicht statt. In der Regel läuft das so ab, dass ein Mitglied ein Problem hat und um Hilfe bittet. Hierauf erfolgen dann (mit Glück) einige Antworten verschiedenster Qualität. Das war's.

Nicht blenden lassen sollte man sich von den Mitgliederzahlen eines Forums. In der Regel sind nur ganz wenige Mitglieder wirklich aktiv. Meist Einer von Hundert.
Je älter das Forum desto mehr Mitglieder. Klar, jeder der gerade ein Problemchen hat, meldet sich in dem Forum an um Hilfe zu bekommen. Danach hört man von ihm/ihr nichts mehr. Bis zum

nächsten Wehwehchen. Oder nie mehr, weil der Roller längst verkauft ist und man einfach zu bequem war, sich aus dem Forum abzumelden.

Agiert, das heißt aktiv Problemlösungen vorgebracht oder diskutiert, wird eher weniger.

Die Auskünfte die man teilweise erhält sind mit Vorsicht zu genießen. Können richtig sein, müssen aber nicht. Je nachdem, wer in dem Forum gerade online und geneigt ist. Informationen aus dem Web sind immer zu hinterfragen und zu prüfen. Man kennt sein virtuelles Gegenüber nicht. Und kann somit schlecht beurteilen, ob es sich um einen Schwätzer, wenn auch in guter Absicht, oder tatsächlichen Kenner handelt.

Eine umgehende Antwort in Echtzeit darf man nicht erwarten. Es kann schon einige Tage dauern, bis ein um das Problem wissendes Mitglied wieder in das Forum reinschaut.

Ein dickes Fell ist als Mitglied eines Forums durchaus nützlich. Die Anonymität des Internets lässt so manchen Foren-Bruder entgleisen. Kann schon passieren, dass man beleidigt und beschimpft und einem sogar Gewalt angedroht wird. Auch Mobbing, Ausgrenzung und Diskriminierung sind durchaus möglich. Das Niveau eines Forums steht seltsamerweise meist in direktem Verhältnis zum Neupreis der Roller.

Wer sich aus all diesen Dingen raushalten will, benutzt ein Forum wie eine Zeitung, schaut gelegentlich als unregistrierter Besucher rein und informiert sich, was gerade Thema ist. Wenn es interessant ist, dann gut, wenn nicht, war es evtl. zumindest unterhaltend.

Es gibt auch „tote" Foren, in denen schon lange keine Kommunikation mehr stattfindet oder möglicherweise nur noch ein verzweifeltes Mitglied Themen einstellt, ohne jemals Resonanz zu erfahren. Solche Foren haben zwar eine, wenn auch geringe aber konstante Besucherzahl, jedoch praktisch keinen Mitglieder-Zulauf. „Tote Foren" bieten gelegentlich jedoch ein erstaunliches Informations-Potential in Form von Beiträgen aus „besseren Tagen".

Am empfehlenswertesten sind vermutlich private Homepages von Fans, zumeist auf einen Roller-Typ ausgerichtet. Diese Seiten sind oftmals durchaus informativ und man erfährt Dinge über seinen Roller, die sonst nur enthusiastischen Insidern bekannt sind.

schnelle 50er

Sollten die 45 km/h Höchstgeschwindigkeit der aktuell angebotenen 50ccm Roller berechtigt als nicht verkehrstauglich erscheinen, aber auch nicht der Wunsch bestehen, sich durch unerlaubte Leistungssteigerung in die Illegalität zu begeben, gibt es eine Alternative.

Um die Jahrtausendwende durften 50er die Höchstgeschwindigkeit von 50 km/h erreichen, welche auch in die Papiere eingetragen war und ist. Mit 10% Messtoleranz und augenzwinkernd ist es also legal einen 50er-Roller mit einer Höchstgeschwindigkeit von 55 km/h zu fahren.
Laut diversen Testberichten in der seinerzeitigen Fachpresse liefen die 50ccm-Roller der damaligen Jahre ab Werk sogar meist an die echten 60 km/h.

Leider werden diese Roller verschleißbedingt immer weniger.
Es kann sich also schon aufgrund der Zulassung bzw. der Papiere lohnen, einen solchen Roller, möglicherweise in einem nicht ganz so guten Zustand aber dafür preiswert, zu erstehen und wieder „aufzurichten".

Warum gerade ein 125er? Nun ja, weil er einfach kräftiger als ein 50er ist. Kein wirkliches Argument, das ist ein 300er auch, der aber aufgrund des höheren Gewichts etc. nur unwesentlich besser geht als ein 125er.

Ein 125er bietet wesentlich mehr Bewegungsfreiheit als ein 50er. Urbane Schnellstraßen und Autobahnabschnitte sind kein Tabu. Krafträder dürfen auf jeglicher Straßengattung fahren. Im Verkehr in der Stadt und auf der Landstrasse kann man locker mitfliesen.
Um einen höheren Spritverbrauch braucht man sich keine Sorgen zu machen, der ist Innerorts, wenn überhaupt, nur kaum merklich höher, oft gar niedriger, als bei einem 50er. Und steigt auch auf der Autobahn nicht merklich.

Viele glauben, ein 50er wäre die preiswerteste Möglichkeit Roller zu fahren. Das stimmt so nicht ganz. Wer einen Motorrad-Führerschein (Klasse 1, oder wie er nach aktuellster Regelung immer genannt werden mag) hat, für den ist eine 125er die wirtschaftlich gesehen perfekte Lösung. Eine „offene", also nicht leistungsbegrenzte, 125er mit max. 15 PS ist steuerbefreit. Wer nur einemn entsprechend alten Führerschein der Klasse 3 oder einen Moped-Führerschein besitzt, unterliegt der alten 80er-Regelung, der 125er muss also auf 80 km/h gedrosselt sein, fällt aber ansonsten in die gleiche Steuerregelung. Für größere Roller fordert der Staat Kfz-Steuer.

Die Versicherung ist äußerst günstig und wird nach dem bekannten Rabatt-System berechnet, also überschaubar weiter günstiger. Wer nicht gerade Fahranfänger ist und den 125er als Zweitfahrzeug zulässt, zahlt jährlich weniger Versicherungsbeitrag als für einen 50er, bei gleicher Versicherungsleistung. Mit Saison-Kennzeichen wird's noch mal preiswerter.

Was negativ zu Buche schlägt, ist der alle 2 Jahre nötige Zeit- und Geldaufwand für den Besuch beim TÜV. Nicht etwa weil da möglicherweise Reparaturkosten folgen könnten. Die hätte man auch mit einem 50er, wenn man ihn im einwandfreien Zustand hält. Nein, die TÜV-Gebühren fallen halt an.

Für reine Sommerfahrer empfiehlt es sich, bei der Zulassung des Rollers ein Saisonkennzeichen zu beantragen. Von wann bis wann die Saisonzulassung gelten soll, kann in Monatsschritten frei vorgegeben werden. Gängig ist April-Oktober, also 04-10. Man kann dann vom 1. April bis 31. Oktober fahren. Aber man kann den Roller natürlich auch von z.B. Dezember bis Februar anmelden, grad wie es halt recht ist.

Mit einem Saisonkennzeichen erspart man sich die lästigen Gänge zur Zulassungsstelle in Sachen Abmeldung (vorübergehende Stilllegung) bzw. Wiederinbetriebnahme. Und vor allem die damit verbundenen Kosten. Was ein „normales" abmelden im Winter zum Absurdum macht. Der Roller ist automatisch gemäß den Angaben auf dem Kennzeichen und im Fahrzeugschein abgemeldet bzw. zugelassen.

Falls der Roller einen Hubraum von mehr als 125 ccm hat wird der Obolus an das Finanzamt, die Kfz-Steuer, natürlich nur für den Zulassungszeitraum erhoben. Auch die Versicherung berechnet automatisch nur den Zulassungszeitraum, egal welche Hubraumklasse. Man leistet also keine Zahlungen für fiktive Zeiträume, die dann später im Idealfall automatisch, ansonsten auf Anforderung, rückerstattet werden.

Um den Schadensfreiheitsrabatt in der Fahrzeugversicherung weiter zu erhöhen, muss eine Saison länger als 6 Monate dauern. Am besten ist vor der Zulassung des Rollers ein klärendes Gespräch mit der Versicherung.

Sollte der Roller bereits über eine „normale" Ganzjahreszulassung verfügen, also angemeldet sein, kann man diese jederzeit bei der Zulassungsstelle in eine Saison-Zulassung umwandeln lassen. Hierfür entstehen überschaubare Gebühren. Und ein neues Kennzeichen, auf dem der Zulassungszeitraum vermerkt ist, muss angefertigt werden. Bei dieser

Gelegenheit kann man sein bisheriges Kennzeichen auch in ein Wunsch-Kennzeichen umwandeln lassen. Natürlich gegen Gebühr. Oder es bleibt bei der alten Buchstaben/Nummern-Kombination.

Von der Änderung der Zulassung und ggf. das neue Kennzeichen will selbstverständlich auch die Versicherung erfahren.

Nebenbei liefert so eine Saison-Zulassung einen unwiderlegbaren Beweis dafür, dass der Roller ein reines Sommerfahrzeug ist, was sich beim Verkauf positiv auswirkt.

Möglicherweise nachteilig ist, dass der Roller während des abgemeldeten Zeitraums nicht auf öffentlichem Grund, also auf der Straße oder öffentlichen Parkplätzen, abgestellt werden darf. Der Roller muss also den Winter über in einer Garage, im Keller, im Hof oder auf sonstigem nicht öffentlichen Grund stehen.

Hat man Sorge, dass der Roller während der „abgemeldeten" Zeit nicht gegen Diebstahl etc. versichert ist, so ist diese unbegründet. Es besteht während dieses Zeitraumes eine sog. „Ruhe-versicherung". Was diese genau umfasst, wissen die Versicherungsmitarbeiter.

Für 50er gibt es diese realitätsnahe, vernünftige Saison-Regelung nicht. Hier ersteht man ein Versicherungs-kennzeichen für ein gesamtes Versicherungsjahr, egal ob man den Roller fährt oder nicht. Dafür kann der Roller auch auf der Straße überwintern, solange er ein gültiges Kennzeichen trägt.

Retro-Roller

Eine kleine Auflistung von bisher hergestellten Automatik-Retro-Rollern ohne jeglichen Anspruch auf Vollständigkeit.

(G)=*Großrad*

Aprilia: Habana/Mojito 50/125, Scarabeo 50 **(G)**, Scarabeo 125 **(G)** (1.Baureihe, Rotax-Motor)
Baotian: Carino 50, Classico 50, BT49QT-11, BT49QT-21
Beeline: Memory 50
Benelli: Pepe 50 **(G)**
Benero: Retro 50
Benzhou: Retro Cruiser 50/125/150
Daelim: Besbi 125
Edwards: LB50QT-16 50, SC 151 50, SC 153 50
Explorer: Commodo 50, Vertigo 50
Flex Tech: Firenze 50, Luna 50, Cavallino 50/125
Fosti: Fosti 50, FT 125T-E
Generic: Vertigo 50
GT Union: Strada 50/125
Honda: Shadow 50/90, SGX Sky50**(G)**, Zoomer 50
IVA: Venti 50, Ibiza 50, Retro Venice 50, Lux 50, Retro Roma 50/125
Jack Fox: Retro Star 50
Keeway: Agora 50, Zahara 125
Kreidler: Flory Classic 50
Kymco: Like 50/125/200, Sento/New Sento 50, Yup 50
Lambretta: LJ 50, LT 50, LN 125

Lintex: Salsa 50, Estillo 50, R14 50, R02 50,
Luxxon: Emily 50
Malaguti: Yesterday 50, Centro 50/125 **(G)**
MBK: Flipper 50 **(G)**
Moto B: Rimini 50, Stella 50
Motowell: Retrosa 50/125, Elenor 50
Motoworks: Titano 50/125, Scholli 50
Nova Motors: Venezia II 50, Retro Star 50, Retro Cruiser 50/125, Milano 50
Neo: Mio 50/125
Peugeot: Django 50/125
Razory: R14 50, R22 50, R07 50/125, R02 50
Sachs: Bee 50/125
Saro: Retro Cruiser 50
Scomadi: TL Turismo Leggera 50/125
Sym: Fiddle II 50/125, Fiddle III 50/125, Mio 50, Allo/50 C
Taizhou Zhongneng: Retro 125
Tauris: Brio 50, Brisa 50, Capri 50/125, Cubana 50/125, Corona 50, Freccia 50
TGB: Bellavita 125/300
Turbho: RX 50, RL 50/125, RB 50
Vespa: alle
Wangye: Style 50
Yamaha: Vino 50/125, Giggle 50
Yiying: YY50QT-21, YY50QT-15
Znen: Artemis 125, Classic Cruiser 50/125, City Cruiser 50, Easy Cruiser 50/125, Flash 50, Technic 50/125, XPress 50, R22 50, R06 125

Ride with Pride!

Hardcover-Edition 2. Auflage
ISBN 978-3-73923-574-5

Wolfgang M. Lehmer

Motorroller Retro-Style

Wissenswertes über Retro-Roller
(überarbeitete 2. Auflage)

2. Auflage
gekürzte e-book-Ausgabe
ISBN 978-3-73924-224-8

MOTORROLLER
Retro-Style

Allerlei Wissenswertes über Retro-Roller
Das Seelenleben eines Rollerfahrers

1.Auflage
Paperback
ISBN 978-3-86870-474-7

Notizbuch
ISBN 978-3-73923-843-2

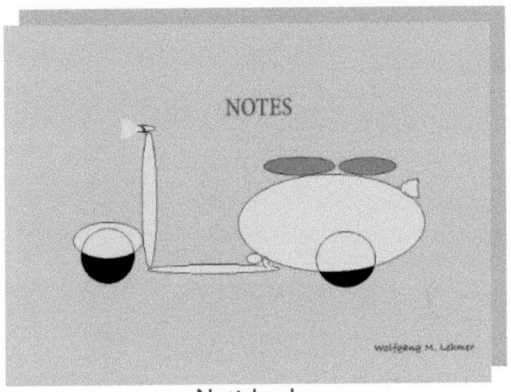

Notizbuch
ISBN 978-3-73924-041-1

W.M. Lehmer

Retro-Roller von aprilia

(Fast) ein Bildband

e-book
ISBN 978-3-73921-894-6